LA PRIMAVERA

MIENTRAS LA TIERRA GIRA

por Lynn M. Stone

Versión en español por Aída E. Marcuse

The Rourke Book Co., Inc.
Vero Beach, Florida 32964

FOTOGRAFÍAS:
Todas las fotografías fueron realizadas por: © Lynn M. Stone

Catalogado en la Biblioteca del Congreso bajo:

Stone, Lynn M.
   [Primavera. Español]
   La primavera / por Lynn M. Stone: versión en español por
Aída E. Marcuse.
    p. cm. — (Mientras la Tierra gira)
   Incluye índices.
   ISBN 1-55916-060-8
   1. Primavera—Literatura juvenil. [1. Primavera. 2. Materiales en
idioma español.] I. Título. II. Series: Stone, Lynn M. Mientras la Tierra
gira. Español.
QB637.5.S7618 1994
508—dc20   94-27221
                                             CIP

                                             AC

ÍNDICE

LA PRIMAVERA

La primavera es la estación en que la naturaleza renace después de los fríos días del invierno. Trae consigo un aire tibio y más horas de luz. Las plantas comienzan a crecer y los animales se vuelven más activos.

La primavera comienza el 20 o el 21 de marzo, según el año. El temprano florecimiento de los bosques y otras señales de la primavera aparecen más temprano.

Cuando las hepáticas se asoman en el suelo de los bosques, sabemos que llegó la primavera

EL SOL Y LAS ESTACIONES

La Tierra tarda un año en recorrer una trayectoria, u **órbita,** alrededor del Sol. La inclinación de los polos de la Tierra hace que el ángulo que ésta presenta al Sol varíe continuamente. Eso produce cambios diarios en la cantidad de luz solar que llega a la Tierra.

El tiempo y las estaciones dependen de la cantidad de sol que llega a la Tierra.

El viaje anual de la Tierra alrededor del Sol produce la primavera y las otras tres estaciones

LA PRIMAVERA EN EL NORTE Y EN EL SUR

El **hemisferio** norte, una de las mitades de la Tierra, está más inclinado hacia el sol durante la primavera y el verano, mientras que la inclinación del hemisferio sur lo aleja de él. Por eso, en el hemisferio sur es otoño e invierno cuando en el hemisferio norte es primavera y verano.

En los países del hemisferio sur, como la Argentina y Australia, la primavera comienza en septiembre.

La inclinación hacia el sol de la mitad norte del mundo provoca la aparición de la primavera en ese hemisferio

LLEGA LA PRIMAVERA

La primavera suele comenzar con el aullido de los vientos de marzo–pero cada día primaveral es más luminoso que el anterior–. Los días son más tibios y de las nubes caen más gotas de lluvia que copos de nieve.

La nieve acumulada se derrite y forma charcos. El viento de primavera los seca, el hielo se resquebraja, cruje y después también se derrite. El invierno pierde la partida.

El sol de primavera derrite el hielo
invernal alrededor del refugio de una
rata almizclera

La primavera aparece en marzo en el desierto de Arizona

El vibrante "trino" nocturno de los sapos es parte de la música de primavera

LAS FLORES DE PRIMAVERA

En primavera, las suaves lluvias y el tibio suelo despiertan a las raíces, las semillas y los árboles. Primero surgen del suelo brotes verdes. Después, mantas de flores cubren el suelo de los jardines y los bosques. Algo más tarde, aparecen las hojas en los árboles.

Las primeras flores de primavera ni siquiera esperan que desaparezca el invierno y se abren paso a través de la última capa de nieve.

Los bosques reverdecen con las suaves lluvias de primavera

LOS ANIMALES EN PRIMAVERA

Las tiernas plantas primaverales sirven de alimento a los animales. Por todas partes los animales se mueven y se agitan. Algunos, como las marmotas y los osos, pasaron el invierno **hibernando,** es decir, profundamente dormidos. ¡Y la primavera es su despertador!

Las serpientes salen de sus cuevas. Las ranas y las tortugas abandonan el barro de los estanques. Los sapos cantan en busca de pareja. A medida que se deshielan los lagos y los ríos, regresan los gansos y los patos en alas del viento.

Para las marmotas, la primavera es el tiempo ideal para reparar sus madrigueras de barro

LAS CRÍAS DE LOS ANIMALES EN PRIMAVERA

En primavera muchos animales tienen cría. Las nuevas plantas les proporcionan lugares donde esconderse y las hojas de los árboles hacen que los nidos de los pájaros sean difíciles de encontrar.

Las nuevas plantas, además, son su alimento. Los conejos mordisquean el pasto tierno y los osos se dan un festín de verduras frescas.

Muchos insectos nacen en primavera. Algunos de ellos alimentan a los hambrientos murciélagos y a los pichones de pájaros.

Este gansarón–la cría del ganso–de
dos días investiga el enorme mundo
en que ha nacido

LA PRIMAVERA SIGNIFICA...

La primavera significa que hay que sembrar el césped y plantar narcisos y tulipanes.

La primavera significa el crujido de los bates de baloncesto, el silbido de los cardenales, y los petirrojos en busca de gusanos.

La primavera significa trocar los trineos, los patines de hielo y las botas de nieve por bicicletas y patines de ruedas.

La primavera significa chaparrones de lluvia y humedad, días soleados, tréboles y el murmullo del viento.

La primavera significa muchos pichones recién nacidos con apetitos enormes

LA PRIMAVERA EN OTRAS PARTES DEL MUNDO

La primavera es diferente en cada parte del mundo. Observemos cómo es en los países cercanos al **ecuador,** una línea imaginaria que rodea la Tierra por la cintura.

Esa parte de la Tierra casi no cambia de ángulo con respecto al Sol, como lo hacen los lugares que están al norte o al sur del ecuador. Por eso, al **nivel del mar,** en el ecuador todas las estaciones parecen ser verano. El cambio de estación más marcado que se percibe cerca del ecuador es el paso de la temporada seca a la temporada de las lluvias.

Glosario

ecuador — línea imaginaria trazada en los mapas alrededor de la mitad de la Tierra, a igual distancia de los polos norte y sur

hemisferio — cada una de las dos mitades de la Tierra, al norte y al sur del ecuador

hibernación — sueño profundo en que pasan el invierno algunos animales, durante el cual las funciones vitales del cuerpo se hacen más lentas

nivel del mar — que está a la misma altura, o nivel, que el mar

órbita — trayectoria que recorre un objeto que viaja alrededor de otro en el espacio

ÍNDICE ALFABÉTICO